I0013782

Inhaltsverzeichnis

Vorwort: Willkommen in der Welt der Künstlichen Intelligenz

Die Welt verändert sich – schneller, umfassender und spannender als je zuvor. Künstliche Intelligenz ist nicht nur ein Schlagwort, sondern eine Revolution, die unser tägliches Leben, unsere Arbeit und unsere Zukunft grundlegend beeinflusst. Dieses Buch ist dein persönlicher Leitfaden, um die Möglichkeiten der KI zu entdecken und praktisch zu nutzen.

Ob du Berufstätiger, Selbstständiger, Student oder einfach Technikinteressierter bist: Dieses Buch soll dir helfen, die oft komplex erscheinende Welt der Künstlichen Intelligenz verständlich zu machen. Es zeigt dir, wie du Zeit sparen, produktiver werden und dein Leben einfacher gestalten kannst – ohne tiefes Technikverständnis vorauszusetzen.

Du hältst nicht nur ein Nachschlagewerk in den Händen, sondern eine Einladung, deine Zukunft aktiv zu gestalten. Schritt für Schritt, praxisnah und motivierend.

Viel Erfolg und Freude auf deiner Reise in die Welt der KI!

Kapitel 1: Was ist Künstliche Intelligenz? - Einfach erklärt

Künstliche Intelligenz – kurz KI genannt – ist ein Begriff, den man heutzutage fast überall hört. Doch was genau steckt eigentlich dahinter? Und warum betrifft es uns alle?

Stell dir KI wie ein besonders schlaues Computerprogramm vor. Es kann Aufgaben erledigen, für die früher ein Mensch nachdenken musste. Zum Beispiel kann eine KI Texte schreiben, Bilder erkennen, Gespräche führen oder sogar beim Autofahren helfen. Aber das ist nur die Spitze des Eisbergs.

Das Besondere: KI lernt aus Daten. Anstatt einfach nur Befehle abzuarbeiten (wie klassische Programme), analysiert eine KI riesige Mengen an Informationen und entwickelt daraus eigene "Lösungen". Je mehr sie über ein Thema weiß, desto besser werden ihre Ergebnisse. Im Gegensatz zu herkömmlichen Programmen ist eine KI in der Lage, flexibel auf neue Situationen zu reagieren und Muster zu erkennen, die für Menschen schwer zu durchschauen wären.

Hier ein einfaches Beispiel:

- Ein klassisches Programm zeigt dir alle Bilder von Katzen, wenn du "Katze" eingibst.
- Eine KI erkennt auf neuen Bildern selbständig, ob eine Katze darauf ist — auch wenn sie das Bild nie zuvor gesehen hat. Sie hat "gelernt", typische Merkmale wie Fell, Ohrenform und Augen zu erkennen.

KI ist also keine Magie, sondern das Ergebnis vieler cleverer Berechnungen und enormer Datenmengen. Man könnte sagen: KI ist wie ein sehr fleißiger Schüler, der niemals müde wird und rund um die Uhr lernt.

Die verschiedenen Arten von KI

Es gibt nicht nur eine Art von KI. Je nach Fähigkeiten unterscheidet man verschiedene Typen:

- **Schwache KI:** Diese Systeme sind auf eine bestimmte Aufgabe spezialisiert, z.B. Sprachübersetzung oder Gesichtserkennung.
- **Starke KI:** Ein theoretisches Konzept, bei dem die KI ähnlich wie ein Mensch denken, lernen und Probleme lösen kann.
- **Selbstlernende KI:** Diese Systeme verbessern sich eigenständig weiter, ohne dass sie ständig von Menschen angepasst werden müssen.

Wichtige Begriffe leicht erklärt

- **Algorithmus:** Eine genaue Anleitung, wie ein Problem Schritt für Schritt gelöst wird. Man kann sich einen Algorithmus wie ein Kochrezept vorstellen: Folge den Schritten, und du bekommst ein bestimmtes Ergebnis.
- **Daten:** Informationen, die die KI nutzt, um daraus zu lernen. Dazu gehören Texte, Bilder, Videos, Audiodateien oder Zahlen.
- **Maschinelles Lernen:** Eine Technik, bei der die KI aus Beispielen lernt und daraus Regeln ableitet,

ohne für jede einzelne Möglichkeit programmiert zu werden.

- **Neuronale Netze:** Strukturen, die lose dem menschlichen Gehirn nachempfunden sind und es KIs ermöglichen, komplexe Zusammenhänge zu erkennen.

Wo begegnet uns KI im Alltag?

- **Smartphones:** Dein Handy entsperrt sich über Gesichtserkennung oder Fingerabdruckscanner – beides wird durch KI möglich.

- **Streamingdienste:** Plattformen wie Netflix oder Spotify schlagen dir Filme und Songs vor, die dir gefallen könnten – aufgrund deines bisherigen Nutzerverhaltens.

- **Navigation:** Apps wie Google Maps planen deine Route und passen sie in Echtzeit an Staus oder Straßensperrungen an – mithilfe von KI.

- **Online-Shopping:** Shops zeigen dir Produkte, die dich interessieren könnten. Diese personalisierten Empfehlungen basieren auf KI-Analysen deines Surf- und Kaufverhaltens.

- **Smart Home:** Sprachassistenten wie Alexa oder Google Home verstehen deine Befehle und steuern Licht, Heizung oder Musik.

Warum ist KI so wichtig?

KI kann unser Leben in vielerlei Hinsicht verbessern:

- Sie hilft, monotone oder gefährliche Aufgaben zu übernehmen.
- Sie kann Prozesse beschleunigen und Fehler reduzieren.
- Sie ermöglicht personalisierte Dienstleistungen und Angebote.

Doch wie bei jeder Technologie gibt es auch Herausforderungen. Datenschutz, Ethik und die Transparenz von KI-Entscheidungen sind Themen, über die immer mehr diskutiert wird. Es ist wichtig, dass wir KI nicht blind vertrauen, sondern verstehen, wie sie funktioniert und welche Auswirkungen sie auf unser Leben hat.

Fazit zu Kapitel 1

Künstliche Intelligenz ist längst ein Teil unseres Alltags. Ob beim Surfen, beim Shoppen oder beim Musikhören –

KI hilft uns, schneller und bequemer durch den Tag zu kommen. Doch sie ist keine allwissende Magie, sondern ein Werkzeug, das wir verantwortungsvoll nutzen sollten.

Im nächsten Kapitel erfährst du, **wie genau KI dir heute schon hilft, Zeit zu sparen und produktiver zu werden**.

Kapitel 2: KI im Alltag: So nutzt du sie schon heute

Künstliche Intelligenz ist keine Zukunftsmusik mehr – sie ist bereits tief in unseren Alltag integriert. Oft merken wir gar nicht, wie viele Prozesse und Dienste im Hintergrund von KI unterstützt oder gesteuert werden. In diesem Kapitel zeige ich dir konkrete Beispiele, wie du heute schon von KI profitieren kannst, oft ohne es bewusst wahrzunehmen.

1. Sprachassistenten und smarte Geräte

Wenn du Sprachassistenten wie Alexa, Siri oder Google Assistant benutzt, nutzt du Künstliche Intelligenz. Diese Systeme erkennen deine Stimme, verstehen deine Anfragen und reagieren passend. Sprachassistenten sind so programmiert, dass sie nicht nur einzelne Wörter erkennen, sondern den Kontext deiner Fragen verstehen und darauf reagieren können.

Anwendungsbeispiele:

- Licht oder Heizung per Sprachbefehl ein- und ausschalten
- Einkaufslisten erstellen und aktualisieren
- Erinnerungen und Termine setzen
- Musik- oder Podcastwiedergabe starten
- Antworten auf allgemeine Wissensfragen bekommen
- Steuerung von Haushaltsgeräten wie Staubsaugerrobotern oder Kaffeemaschinen

Sprachassistenten lernen zudem mit der Zeit deine Vorlieben und können proaktiv Vorschläge machen, etwa welche Musik du morgens gerne hörst oder welche Termine dir wichtig sind.

2. Personalisierte Empfehlungen

Ob auf Netflix, YouTube, Spotify oder Amazon: Überall bekommst du Vorschläge, die genau auf deinen Geschmack zugeschnitten sind. Diese personalisierten Empfehlungen basieren auf deinem bisherigen Verhalten: Was du gesucht, gekauft, geliked oder angeschaut hast.

Vorteile:

- Neue Filme, Serien oder Songs entdecken, die zu deinem Geschmack passen
- Produkte finden, die genau auf deine Bedürfnisse abgestimmt sind
- Zeit sparen beim Stöbern nach Neuem

Wie funktioniert das? KI analysiert Millionen von Nutzerinteraktionen und erkennt Muster, die Vorhersagen darüber ermöglichen, was dir gefallen könnte. Je mehr du die Plattform nutzt, desto besser lernt das System deine Vorlieben kennen.

3. Navigation und Reisen

Apps wie Google Maps, Waze oder auch Navigationssysteme im Auto nutzen KI, um dir die schnellste Route anzuzeigen. Dabei werden aktuelle Verkehrsdaten, Baustellenmeldungen, Wetterdaten und historische Bewegungsmuster analysiert.

Beispiele:

- Staumeldungen in Echtzeit
- Automatische Vorschläge für alternative Routen
- Prognosen für Ankunftszeiten unter Berücksichtigung von Verkehrsspitzen
- Tipps für günstigere Tankstellen entlang der Route

Zudem helfen KI-basierte Reise-Apps, passende Flüge oder Hotels zu finden, indem sie Preise vergleichen, Kundenbewertungen analysieren und individuelle Vorschläge machen.

4. Produktivitätssteigerung durch KI-Tools

Es gibt zahlreiche Tools, die dir helfen, effizienter zu arbeiten und deinen Alltag besser zu organisieren:

- **Grammarly oder LanguageTool:** Programme, die automatisch Grammatik, Rechtschreibung und Stil deiner Texte verbessern.
- **Notion AI:** Ein digitaler Assistent, der beim Strukturieren von Projekten, Aufgaben und Brainstorming unterstützt.
- **ChatGPT:** Dein persönlicher Ideengeber, Textoptimierer oder Lernhelfer. Von der Erstellung von Präsentationen über Recherchearbeiten bis hin zu kreativen Texten.
- **Otter.ai:** Transkribiert automatisch Meetings und Interviews.
- **Trello oder Asana mit KI-Integration:** Aufgabenmanagement-Tools, die priorisieren und dich an Deadlines erinnern.

Vorteile:

- Schnellere Fertigstellung von Aufgaben
- Weniger Fehler in Texten und Dokumenten
- Automatisierte Zusammenfassungen und Ideensammlungen

5. Finanzen und Banking

Auch in der Finanzwelt ist KI nicht mehr wegzudenken. Banken nutzen KI, um verdächtige Aktivitäten frühzeitig zu erkennen und Kunden vor Betrug zu schützen.

Beispiele:

- Betrugserkennung bei Kreditkartenzahlungen
- Automatisierte Finanzberatung durch Robo-Advisor
- Analyse deines Ausgabeverhaltens mit Spartipps
- Prognosen für deine finanzielle Entwicklung basierend auf deinen Einnahmen und Ausgaben

Mit KI-basierten Banking-Apps kannst du deine Finanzen besser verwalten, Sparziele setzen und personalisierte Anlagestrategien entwickeln.

6. Gesundheit und Fitness

Fitness-Tracker, Smartwatches und Gesundheits-Apps nutzen KI, um deine Aktivitäts- und Gesundheitsdaten auszuwerten.

Beispiele:

- Schlafanalyse zur Verbesserung der Schlafqualität
- Schrittzähler mit Motivationsprogrammen

- Puls- und Herzfrequenzmessungen zur Früherkennung von Problemen
- Analyse deiner Ernährung durch Foto-Uploads von Mahlzeiten
- Früherkennung von Gesundheitsrisiken durch Analyse deines Verhaltens und deiner Vitaldaten

Auch Telemedizin-Apps setzen KI ein, um Symptome zu analysieren und erste Diagnosen zu stellen oder Ärzte bei der Entscheidungsfindung zu unterstützen.

7. Bildung und Lernen

KI-gestützte Lernplattformen revolutionieren die Art und Weise, wie wir lernen. Plattformen wie Duolingo, Coursera oder Khan Academy setzen KI ein, um Kurse individuell an den Lernfortschritt und das Lerntempo anzupassen.

Beispiele:

- Sprachenlernen mit personalisierten Aufgaben
- Lernempfehlungen auf Basis von Stärken und Schwächen
- Automatisches Anpassen des Schwierigkeitsgrads
- Feedback in Echtzeit

Lernende erhalten so maßgeschneiderte Inhalte, die sie schneller und nachhaltiger zum Ziel bringen.

8. Kreativität und Freizeit

KI hilft dir nicht nur bei der Arbeit, sondern auch dabei, kreativer zu sein und deine Freizeit abwechslungsreicher zu gestalten.

Beispiele:

- KI-Generatoren erstellen Kunstwerke, Musik oder Gedichte
- Kreative Ideenfindung für Hobbys, Reisen oder neue Projekte
- Bearbeiten von Fotos und Videos mit KI-Unterstützung (z.B. automatische Retusche, Stiltransfers)

Apps wie DALL-E, Lensa oder Soundraw ermöglichen es jedem, ohne Vorkenntnisse beeindruckende Werke zu erschaffen.

Fazit zu Kapitel 2

Wie du siehst, begleitet uns KI in nahezu jedem Bereich unseres Lebens – von der Arbeit über das Reisen bis hin zur Freizeitgestaltung. Sie hilft uns, effizienter zu sein, gesünder zu leben, kreativer zu werden und unser Potenzial besser auszuschöpfen.

Wichtig ist: Je bewusster du die Möglichkeiten nutzt, desto mehr kannst du von den Vorteilen profitieren. In der nächsten Stufe schauen wir uns konkret an, **wie du mit KI-Tools und -Strategien produktiver wirst und noch mehr Zeit in deinem Alltag zurückgewinnst!**

Kapitel 3: Produktiver mit KI - Deine Zeit optimal nutzen

Künstliche Intelligenz bietet nicht nur faszinierende Technologien, sondern auch eine riesige Chance, deinen Alltag effizienter und produktiver zu gestalten. In diesem Kapitel zeige ich dir, wie du KI gezielt einsetzen kannst, um deine Aufgaben schneller zu erledigen, bessere Ergebnisse zu erzielen und mehr Zeit für die Dinge zu haben, die dir wirklich wichtig sind.

1. Aufgabenautomatisierung im Alltag

Eine der größten Stärken von KI ist die Automatisierung von Routineaufgaben. Viele tägliche Aufgaben, die uns normalerweise Zeit und Energie kosten, können durch smarte Tools erleichtert oder sogar komplett übernommen werden.

Anwendungsbeispiele:

- **E-Mail-Management:** Tools wie Superhuman oder Gmail mit KI-Features priorisieren wichtige E-Mails und sortieren Spam automatisch aus.
- **Terminplanung:** Programme wie x.ai oder Clara organisieren Meetings, indem sie automatisch verfügbare Zeiten finden und Termine koordinieren.
- **Dokumentenerstellung:** Textgeneratoren wie Jasper.ai helfen dir, Berichte, Angebote oder Artikel schneller zu erstellen.
- **Rechnungsverarbeitung:** KI-basierte Buchhaltungsprogramme wie Expensify erfassen automatisch Belege und erstellen Finanzreports.

Vorteil: Weniger Zeit für administrative Aufgaben = mehr Zeit für kreative und strategische Arbeit.

2. KI-gestütztes Projektmanagement

Moderne Projektmanagement-Tools integrieren KI, um Teams produktiver zu machen:

- **Aufgaben priorisieren:** KI analysiert Deadlines, Abhängigkeiten und verfügbare Ressourcen und schlägt die beste Reihenfolge zur Abarbeitung vor.
- **Ressourcenmanagement:** Tools wie Forecast oder Monday.com helfen dir, Aufgaben effizient zu verteilen.
- **Früherkennung von Problemen:** KI-Modelle können Projektverzögerungen oder Überlastungen erkennen, bevor sie kritisch werden.

Mit diesen Tools kannst du komplexe Projekte besser steuern und behältst stets den Überblick.

3. Kreativität steigern mit KI

Produktivität bedeutet nicht nur, schneller zu arbeiten, sondern auch kreativer zu sein. KI-Tools können dir helfen, neue Ideen zu entwickeln oder bestehende Konzepte zu verfeinern:

Beispiele:

- **Brainstorming:** Mit ChatGPT oder MindMeister AI kannst du neue Ansätze für Projekte oder Kampagnen entwickeln.
- **Content-Ideen:** Jasper.ai oder Copy.ai generieren Themenideen für Blogbeiträge, Social Media oder Werbetexte.
- **Design und Grafik:** Canva AI schlägt dir Designs vor oder optimiert Layouts automatisch.

Kreativität wird damit nicht ersetzt, sondern unterstützt und verstärkt.

4. Zeitmanagement verbessern

Effektives Zeitmanagement ist der Schlüssel zu echter Produktivität. KI-Tools helfen dir dabei, deine Zeit optimal einzuteilen:

Beispiele:

- **Time-Tracking:** RescueTime analysiert, wie du deine Zeit am Computer nutzt, und gibt dir Verbesserungsvorschläge.
- **Prioritäten setzen:** Tools wie Sunsama helfen dir, realistische Tagespläne zu erstellen, die sich an deinen wichtigsten Zielen orientieren.

- **Pomodoro-Technik:** Apps wie Focus Booster nutzen KI, um optimale Arbeits- und Pausenzeiten vorzuschlagen.

Indem du lernst, deine Zeit bewusster einzusetzen, steigerst du deine Effizienz enorm.

5. Personalisierte Weiterbildung mit KI

Lebenslanges Lernen wird immer wichtiger. KI-gestützte Lernplattformen bieten dir individuelle Lernpfade:

Beispiele:

- **LinkedIn Learning:** Passt Kursempfehlungen an deine Karriereziele und Interessen an.
- **Coursera Plus KI:** Bietet individuelle Kursvorschläge basierend auf deinem Lernverhalten.
- **Spaced Repetition Apps:** Anki und andere Apps setzen auf KI, um den optimalen Zeitpunkt zum Wiederholen von Lerninhalten zu bestimmen.

Dadurch kannst du deine Fähigkeiten gezielt und effizient erweitern.

6. Smarte Entscheidungsfindung

Gute Entscheidungen sind ein wesentlicher Bestandteil von Produktivität. KI-Analysetools helfen dir, bessere Entscheidungen schneller zu treffen:

Beispiele:

- **Datenanalyse:** Tools wie Tableau oder Power BI mit KI-Unterstützung analysieren Datenmengen und erkennen Trends.
- **Risikoabschätzung:** KI kann potenzielle Risiken oder Chancen in Projekten frühzeitig erkennen.

Du triffst informiertere Entscheidungen in kürzerer Zeit – und reduzierst dadurch Fehlentscheidungen.

7. Gesundheit und Wohlbefinden optimieren

Produktivität bedeutet auch, auf die eigene Gesundheit zu achten. KI hilft dir dabei, einen gesunden Lebensstil besser zu integrieren:

Beispiele:

- **Schlafoptimierung:** Apps wie Sleep Cycle analysieren deinen Schlaf und geben Tipps für besseren Schlaf.

- **Stressmanagement:** KI-gestützte Meditations-Apps wie Calm oder Headspace passen Übungen individuell an.
- **Ernährungsplanung:** Yazio oder Lifesum nutzen KI, um individuelle Ernährungspläne zu erstellen.

Ein gesunder Körper und Geist sind die Basis nachhaltiger Produktivität.

8. KI in der Zusammenarbeit

Zusammenarbeit in Teams wird durch KI noch reibungsloser:

- **Virtuelle Assistenten:** Meeting-Notizen werden automatisch erstellt.
- **Sprachbarrieren überwinden:** Echtzeit-Übersetzungen bei internationalen Teams.
- **Bessere Kommunikation:** Analyse von Teamdynamiken und Feedbackkultur.

Teams arbeiten effizienter und harmonischer zusammen.

Fazit zu Kapitel 3

Künstliche Intelligenz ist ein mächtiges Werkzeug, das dir helfen kann, dein volles Potenzial auszuschöpfen. Ob durch Aufgabenautomatisierung, smarteres Zeitmanagement, bessere Entscheidungen oder kreatives Arbeiten – die Möglichkeiten sind nahezu grenzenlos.

Wichtig ist, die richtigen Tools bewusst auszuwählen und sie gezielt einzusetzen. So gewinnst du nicht nur mehr Zeit, sondern kannst diese auch produktiver und erfüllter nutzen.

Im nächsten Kapitel erfährst du, **wie du durch Automatisierung noch mehr Zeit sparst und welche Tools dich im Alltag entlasten können!**

Kapitel 4: Zeit sparen durch Automatisierung - Dein Alltag auf Autopilot

Künstliche Intelligenz entfaltet ihre volle Kraft, wenn sie dir nicht nur hilft, Aufgaben besser zu erledigen, sondern wenn sie viele dieser Aufgaben sogar völlig eigenständig für dich übernimmt. In diesem Kapitel erfährst du, wie du mit Automatisierungstechniken Zeit sparen kannst – und zwar nicht nur ein bisschen, sondern oft mehrere Stunden pro Woche.

1. Was bedeutet Automatisierung mit KI?

Automatisierung bedeutet, dass Prozesse und Aufgaben nicht mehr manuell, sondern automatisch ablaufen. KI spielt hier eine Schlüsselrolle: Sie sorgt dafür, dass Maschinen nicht nur stumpf arbeiten, sondern intelligent auf neue Informationen reagieren und Entscheidungen treffen können.

Beispiele für Automatisierung:

- Wiederkehrende E-Mails automatisch versenden
- Daten erfassen und auswerten, ohne manuelles Eingreifen
- Social-Media-Posts planen und veröffentlichen
- Kundendienstanfragen vorsortieren und beantworten

Je mehr Prozesse du automatisierst, desto mehr Energie und Zeit bleibt dir für kreative und wichtige Aufgaben.

2. Bereiche, in denen Automatisierung besonders effektiv ist

a) Büro und Administration

- **E-Mail-Antworten:** Mit Tools wie "Gmail Smart Reply" kannst du auf E-Mails mit KI-generierten Vorschlägen blitzschnell reagieren.
- **Kalender-Management:** Tools wie Calendly automatisieren Terminbuchungen und erinnern Teilnehmer automatisch.
- **Dokumentenmanagement:** KI-gestützte Systeme ordnen Dokumente automatisch und finden relevante Dateien in Sekunden.

b) Marketing und Content-Erstellung

- **Social Media Automation:** Plattformen wie Buffer oder Hootsuite nutzen KI, um Posts automatisch zur besten Zeit zu veröffentlichen.
- **Content-Generierung:** KI-Tools erstellen Blogartikel, Newsletter oder

Produktbeschreibungen basierend auf wenigen Stichpunkten.

- **E-Mail-Marketing:** Systeme wie Mailchimp personalisieren Newsletter automatisch für verschiedene Zielgruppen.

c) Kundenservice

- **Chatbots:** KI-Chatbots beantworten häufige Kundenfragen sofort und rund um die Uhr.
- **Ticket-Systeme:** Anfragen werden automatisch kategorisiert und an den zuständigen Mitarbeiter weitergeleitet.
- **Spracherkennung:** Telefonzentralen nutzen KI, um Anruferanliegen schnell zu erkennen und richtig zuzuordnen.

3. Automatisierungstools, die du kennen solltest

Hier eine Auswahl an Tools, die dir helfen können, deinen Alltag auf Autopilot zu stellen:

- **Zapier:** Verbindet verschiedene Apps miteinander und automatisiert Workflows (z. B. automatische Speicherung von E-Mail-Anhängen in Dropbox).

- **Make (ehemals Integromat):** Für komplexere Automatisierungen über verschiedene Plattformen hinweg.
- **IFTTT:** "If This Then That" – einfache Wenn-dann-Automationen für Apps und Geräte.
- **Grammarly Business:** Automatische Qualitätsprüfung und Korrektur von Team-Kommunikation.
- **Drift:** Intelligente Chatbots und Lead-Qualifizierung im Sales-Bereich.

4. Die Vorteile der Automatisierung

a) Zeit sparen Routinetätigkeiten fallen weg. Du gewinnst mehrere Stunden pro Woche, die du anderweitig nutzen kannst.

b) Fehler reduzieren Automatisierte Prozesse sind weniger fehleranfällig als manuelle Bearbeitungen, gerade bei repetitiven Aufgaben.

c) Höhere Effizienz und Skalierbarkeit Was manuell 10 Minuten dauert, erledigt eine KI-Lösung oft in Sekunden – und das parallel für Tausende von Datensätzen.

d) Fokus auf die wichtigen Aufgaben Freie Zeit kannst du gezielt für kreative, strategische oder zwischenmenschliche Tätigkeiten einsetzen.

5. Risiken und Herausforderungen der Automatisierung

Trotz aller Vorteile gibt es auch Herausforderungen:

- **Fehlkonfiguration:** Falsch eingerichtete Automatisierungen können Prozesse behindern.
- **Abhängigkeit:** Übermäßige Automatisierung kann dazu führen, dass Menschen wichtige Fähigkeiten verlieren.
- **Datenschutz:** Automatisierte Systeme müssen DSGVO-konform arbeiten, insbesondere bei der Verarbeitung personenbezogener Daten.

Deshalb ist es wichtig, jede Automatisierung sorgfältig zu planen, regelmäßig zu überwachen und bei Bedarf anzupassen.

6. Praxisbeispiel: Ein automatisierter Arbeitstag

Stell dir einen typischen Tag mit gut geplanter Automatisierung vor:

- Dein Kalender plant Meetings automatisch, basierend auf deiner Verfügbarkeit.
- Dein Posteingang sortiert E-Mails nach Priorität.
- Dein Projektmanagement-Tool erinnert automatisch an anstehende Aufgaben.
- Neue Leads werden automatisch im CRM-System erfasst und kontaktiert.
- Social-Media-Posts erscheinen wie von Geisterhand zu den besten Zeiten.
- Dein Fitness-Tracker erinnert dich zur besten Zeit an eine Bewegungspause.

So kannst du dich auf das Wesentliche konzentrieren, statt dich in Alltagsaufgaben zu verlieren.

Fazit zu Kapitel 4

Automatisierung mit KI ist kein Luxus, sondern heute ein entscheidender Wettbewerbsfaktor. Wer seine Routinetätigkeiten intelligent automatisiert, verschafft sich nicht nur mehr Zeit, sondern auch mehr Freiheit und Lebensqualität.

Im nächsten Kapitel erfährst du, **welche KI-Tools dir speziell helfen, deine persönliche Produktivität auf** die nächste Stufe zu heben und wie du sie in deinen Alltag integrierst!

Kapitel 5: Die besten KI-Tools für deinen Alltag –
Dein persönlicher Assistent auf Abruf

Nachdem wir bisher besprochen haben, wie KI funktioniert und wie sie dir helfen kann, produktiver und effizienter zu sein, gehen wir nun einen Schritt weiter: In diesem Kapitel stelle ich dir konkrete KI-Tools vor, die du sofort nutzen kannst, um deinen Alltag und dein Berufsleben zu vereinfachen. Je nach deinem persönlichen oder beruflichen Bedarf gibt es mittlerweile für fast jede Aufgabe ein intelligentes Werkzeug.

1. KI-Tools für Kommunikation und Textverarbeitung

a) Grammarly und LanguageTool Beide Programme helfen dir, deine Texte automatisch zu korrigieren, verbessern die Grammatik und den Stil und geben dir sogar Feedback zur Lesbarkeit.

b) ChatGPT Dieser KI-gestützte Textgenerator hilft dir beim Verfassen von E-Mails, Artikeln, Präsentationen, Social Media Posts oder sogar kreativen Geschichten.

c) Jasper.ai Ein leistungsfähiges KI-Tool speziell für Marketing- und Werbetexte. Jasper unterstützt dich bei der

Erstellung von Produktbeschreibungen, Anzeigen und Blogartikeln.

Nutzen:

- Schneller und besser schreiben
- Zeitersparnis bei der Texterstellung
- Fehlerfreie, professionelle Kommunikation

2. KI-Tools für Aufgaben- und Projektmanagement

a) Notion AI Erweitert das beliebte Organisations- und Projektmanagement-Tool Notion um KI-Funktionen: automatische Zusammenfassungen, Ideengenerierung, Textoptimierung und Planungshilfen.

b) Asana mit KI-Integration Asana analysiert deine Projekte und Aufgaben und gibt intelligente Vorschläge zur Priorisierung und Effizienzsteigerung.

c) Trello mit Butler-Automation Das bekannte Kanban-Board-Tool bietet Automatisierungsfunktionen, die Routineaufgaben wie Checklisten oder Kartenverschiebungen automatisch erledigen.

Nutzen:

- Klarere Struktur im Alltag
- Bessere Priorisierung von Aufgaben
- Automatische Erinnerungen und Updates

3. KI-Tools für kreative Arbeit

a) Canva mit Magic Design Erstellt in wenigen Minuten professionelle Designs, Präsentationen oder Social-Media-Grafiken auf Basis deiner Eingaben.

b) DALL-E und Midjourney Diese KI-Programme erstellen beeindruckende Bilder, Illustrationen oder Kunstwerke aus kurzen Textbeschreibungen.

c) Soundraw und Boomy Erzeuge eigene Musikstücke für Videos, Podcasts oder Präsentationen, ohne Musiker sein zu müssen.

Nutzen:

- Professionelle Ergebnisse ohne Design- oder Musikkenntnisse
- Erhebliche Zeit- und Kostenersparnis

4. KI-Tools für Datenanalyse und Business Intelligence

a) Tableau mit KI-gestützter Analyse Visualisiere Daten schnell und entdecke Trends und Muster, die manuell schwer erkennbar wären.

b) Power BI von Microsoft Ermöglicht es dir, umfangreiche Datenmengen einfach auszuwerten und in Berichte umzuwandeln.

c) MonkeyLearn Analysiert Texte und Kundenfeedback automatisch nach Stimmung, Themen oder Kategorien.

Nutzen:

- Schnellere Entscheidungen auf Basis fundierter Analysen
- Weniger Zeitaufwand für Datenauswertung

5. KI-Tools für Finanzen und persönliche Produktivität

a) YNAB (You Need A Budget) Diese App hilft dir, deine Finanzen effizient zu verwalten und deine Ausgaben zu optimieren.

b) Cleo Ein KI-Chatbot, der dir hilft, deine Ausgaben zu analysieren, Sparziele zu setzen und besser mit deinem Geld umzugehen.

c) Todoist mit Smart Schedule Eine smarte Aufgabenliste, die Vorschläge macht, wann du welche Aufgabe am besten erledigst.

Nutzen:

- Besserer Überblick über Finanzen und Aufgaben
- Automatisiertes Sparen und Planen

6. KI-Tools für Gesundheit und Wohlbefinden

a) Sleep Cycle Erkennt deine Schlafzyklen und weckt dich in der leichtesten Schlafphase, damit du erholter aufwachst.

b) Headspace Bietet KI-gestützte Meditationsprogramme, die sich deinem Stresslevel und Alltag anpassen.

c) MyFitnessPal Hilft dir mit KI, deine Ernährung zu analysieren und gesunde Essgewohnheiten zu entwickeln.

Nutzen:

- Bessere Selbstfürsorge
- Nachhaltige Gesundheitsverbesserung

7. Integration von KI-Tools in deinen Alltag

Der Schlüssel zur erfolgreichen Nutzung dieser Tools liegt darin, sie gezielt und schrittweise in deinen Alltag zu integrieren:

- **Starte klein:** Nutze zunächst ein oder zwei Tools für Aufgaben, die dir besonders viel Zeit kosten.
- **Automatisiere Schritt für Schritt:** Sobald du dich an ein Tool gewöhnt hast, integriere weitere Funktionen.
- **Passe deine Workflows an:** Nutze Automatisierungen, um manuelle Schritte zu reduzieren.
- **Überprüfe regelmäßig:** Welche Tools bringen dir wirklich Mehrwert? Wo kannst du noch optimieren?

Fazit zu Kapitel 5

Es gibt eine Vielzahl leistungsstarker KI-Tools, die dir helfen können, produktiver, kreativer und entspannter zu leben. Ob in der Arbeit, in der Freizeit oder beim Lernen – mit den richtigen Helfern kannst du dir viele Stunden pro Woche zurückholen und deinen Alltag deutlich angenehmer gestalten.

Im nächsten Kapitel erfährst du, **wie du KI sicher, verantwortungsvoll und datenschutzkonform nutzt, damit du langfristig maximal von den Möglichkeiten profitieren kannst!**

Kapitel 6: Sicherer und verantwortungsvoller Umgang mit KI – Chancen nutzen, Risiken vermeiden

Je mehr wir KI in unser Leben integrieren, desto wichtiger wird es, sich auch mit den Risiken und Verantwortlichkeiten auseinanderzusetzen. KI bietet enorme Vorteile – aber sie ist kein Selbstläufer. In diesem Kapitel zeige ich dir, wie du KI sicher, verantwortungsvoll und datenschutzkonform nutzt, um die Vorteile voll auszuschöpfen und gleichzeitig potenzielle Gefahren zu vermeiden.

1. Datenschutz und Privatsphäre

Viele KI-Anwendungen sammeln, analysieren und speichern Daten. Diese Daten können sehr persönlich sein

– etwa deine Nachrichten, deine Gesundheitsdaten oder deine Standortinformationen.

Worauf du achten solltest:

- **Nutzungsbedingungen lesen:** Welche Daten sammelt das Tool? Wofür werden sie verwendet?
- **Datenschutzfreundliche Alternativen prüfen:** Es gibt KI-Tools, die bewusst auf Datenschutz setzen.
- **Einstellungen anpassen:** Oft kannst du den Zugriff auf bestimmte Daten einschränken oder anonymisierte Nutzung aktivieren.
- **Verschlüsselung:** Achte darauf, dass deine Daten verschlüsselt übertragen und gespeichert werden.

Praxis-Tipp: Nutze, wo möglich, lokale KI-Lösungen, die deine Daten nicht an zentrale Server schicken.

2. Ethik und Fairness

KI trifft Entscheidungen basierend auf Daten und Algorithmen. Diese Daten können jedoch Vorurteile enthalten – sei es aufgrund von Geschlecht, Herkunft oder sozialem Status.

Beispiele für ethische Herausforderungen:

- KI-basierte Bewerbungssysteme könnten unbewusst Bewerber diskriminieren.
- Empfehlungsalgorithmen können Vorurteile verstärken, indem sie nur ähnliche Inhalte vorschlagen.

Wie du ethische KI-Nutzung sicherstellst:

- Bevorzuge Tools, die transparent darlegen, wie ihre Entscheidungen zustande kommen.
- Setze KI als Unterstützung ein, nicht als alleinige Entscheidungsinstanz.
- Hinterfrage Ergebnisse kritisch und nutze deinen gesunden Menschenverstand.

3. Transparenz und Erklärbarkeit

Viele KI-Systeme sind sogenannte "Black Boxes": Sie liefern Ergebnisse, aber es ist nicht klar nachvollziehbar, wie diese zustande kamen.

Warum Transparenz wichtig ist:

- Vertrauen entsteht nur, wenn Nutzer verstehen, wie Entscheidungen getroffen werden.

- Bei sensiblen Themen (z.B. Finanzen, Gesundheit) musst du nachvollziehen können, warum eine Empfehlung erfolgt.

Was du tun kannst:

- Nutze Tools, die "erklärbare KI" anbieten, also Einsichten in die Entscheidungsfindung geben.
- Fordere von Anbietern mehr Transparenz ein.

4. Sicherheit und Schutz vor Missbrauch

KI kann auch für schädliche Zwecke missbraucht werden – etwa zur Erstellung von Deepfakes, für automatisierte Cyberangriffe oder für die Verbreitung von Fehlinformationen.

Wie du dich schützt:

- Sei kritisch bei digitalen Inhalten: Bilder, Videos oder Texte könnten KI-generiert sein.
- Prüfe Quellen und nutze Tools zur Erkennung von Deepfakes.
- Setze sichere Passwörter, Zwei-Faktor-Authentifizierung und aktuelle Sicherheitssoftware ein.

5. Verantwortungsvoller Umgang im Berufsleben

Wenn du KI beruflich einsetzt, gelten besondere Anforderungen:

- **Rechtliche Rahmenbedingungen beachten:** (z.B. DSGVO in Europa)
- **Transparenz gegenüber Kunden und Partnern:** Informiere offen, wenn KI-Systeme eingesetzt werden.
- **Schulungen anbieten:** Mitarbeiter sollten verstehen, wie KI funktioniert und wo ihre Grenzen liegen.

6. Nachhaltigkeit und Ressourcennutzung

KI-Systeme, vor allem große Modelle, verbrauchen erhebliche Mengen an Energie und Rechenleistung.

Was du tun kannst:

- Nutze ressourcenschonende KI-Modelle.
- Setze lokale Systeme ein, wenn möglich.
- Bevorzuge Anbieter, die auf grüne Rechenzentren setzen.

7. KI und gesellschaftliche Verantwortung

KI hat das Potenzial, Gesellschaften grundlegend zu verändern – zum Guten wie zum Schlechten. Deshalb sollten wir:

- **Chancengleichheit fördern:** KI sollte für alle zugänglich sein, nicht nur für Eliten.
- **Bildung ausbauen:** Menschen sollten die Fähigkeit haben, KI zu verstehen und kritisch zu nutzen.
- **Debatten fördern:** Wie wollen wir KI in unserer Gesellschaft gestalten?

Fazit zu Kapitel 6

KI bietet unglaubliche Möglichkeiten – aber nur, wenn wir verantwortungsvoll damit umgehen. Datenschutz, Ethik, Transparenz, Sicherheit und Nachhaltigkeit sind keine Hindernisse, sondern Voraussetzungen für eine wirklich positive Nutzung.

Im nächsten Kapitel erfährst du, **wie KI sich in Zukunft weiterentwickeln wird und welche Trends du kennen solltest, um optimal vorbereitet zu sein!**

Kapitel 7: Zukunftstrends der KI – Was dich erwartet

Die Welt der Künstlichen Intelligenz entwickelt sich rasant weiter. Was heute noch als neu oder revolutionär gilt, kann schon morgen Alltag sein. In diesem Kapitel werfen wir einen ausführlichen Blick auf die wichtigsten Zukunftstrends in der KI-Welt und zeigen, wie sie unser Leben in den kommenden Jahren verändern könnten.

1. Generative KI auf neuem Niveau

Generative KI-Modelle wie ChatGPT oder DALL-E haben bereits beeindruckende Ergebnisse geliefert. In Zukunft werden diese Systeme:

- **Noch kreativer:** KI wird eigenständig komplexe Geschichten, Musikstücke, Designs oder sogar komplette Filme erschaffen.
- **Multimodal:** Systeme werden gleichzeitig Text, Bild, Audio und Video verstehen und verarbeiten können.
- **Individueller:** Personalisierte Inhalte, die exakt auf die Bedürfnisse und Vorlieben des Nutzers zugeschnitten sind, werden zur Norm.

Praxisbeispiel: Du gibst eine kurze Beschreibung ein und erhältst in Sekunden ein vollständiges Video, einen Blogartikel und passende Social-Media-Posts.

2. KI und Robotik – Intelligente Maschinen

Roboter werden dank KI nicht nur starrer, programmierter Helfer sein, sondern flexibel und selbstständig handeln können.

- **Haushaltsroboter:** Maschinen, die kochen, putzen oder einkaufen gehen.
- **Pflegeroboter:** Unterstützen Pflegekräfte in Krankenhäusern und Altersheimen.
- **Industrieroboter:** Arbeiten Hand in Hand mit Menschen in der Produktion.

Dank "Reinforcement Learning" lernen diese Roboter durch Erfahrung, anstatt nur vorprogrammierte Abläufe auszuführen.

3. Personalisierte KI-Assistenten

Künftig werden KI-Assistenten nicht nur allgemeine Aufgaben übernehmen, sondern sich individuell an ihre Nutzer anpassen:

- **Verhalten verstehen:** Die KI erkennt deine Stimmung, deine Präferenzen und deinen Tagesrhythmus.
- **Proaktive Hilfe:** Der Assistent erinnert dich an wichtige Aufgaben, schlägt Pausen vor oder hilft dir, wenn er merkt, dass du gestresst bist.
- **Nahtlose Integration:** KI wird in alle Geräte integriert sein – vom Auto bis zur Kaffeemaschine.

4. KI in der Medizin und Gesundheit

Die Medizin wird durch KI eine Revolution erleben:

- **Frühdiagnosen:** KI kann Krankheiten bereits in sehr frühen Stadien erkennen.
- **Personalisierte Therapien:** Behandlungen werden exakt auf die genetische Struktur und die Lebensgewohnheiten jedes Einzelnen zugeschnitten.
- **Robotergestützte Operationen:** KI-gesteuerte Systeme führen Operationen präziser und sicherer durch als menschliche Chirurgen.

Zukunftsvision: Gesundheits-Apps könnten kontinuierlich deinen Gesundheitszustand überwachen und dich bei Auffälligkeiten sofort informieren.

5. KI im Bildungswesen

Lernen wird individueller, effizienter und motivierender:

- **Adaptive Lernsysteme:** Der Schwierigkeitsgrad von Aufgaben passt sich automatisch an das Können des Lernenden an.
- **Virtuelle Tutoren:** KI-gestützte Lehrer, die 24/7 zur Verfügung stehen.
- **Gamification:** Lernen wird durch KI noch spielerischer und belohnender gestaltet.

Schüler und Studierende werden personalisierte Lernpfade erhalten, die perfekt auf ihre Stärken und Schwächen abgestimmt sind.

6. KI und Nachhaltigkeit

Auch beim Schutz unseres Planeten wird KI eine Schlüsselrolle spielen:

- **Optimierung von Energieverbrauch:** Smart Grids steuern Energieflüsse intelligent und vermeiden Verschwendung.
- **Frühwarnsysteme:** KI analysiert Umweltdaten und erkennt Naturkatastrophen früher.

- **Effiziente Landwirtschaft:** Drohnen und Sensoren steuern gezielt den Einsatz von Wasser, Düngemitteln und Pestiziden.

KI kann dazu beitragen, Ressourcen schonender zu nutzen und CO_2-Emissionen zu reduzieren.

7. KI und ethische Herausforderungen

Mit wachsender Macht der KI steigen auch die ethischen Herausforderungen:

- **Verantwortlichkeit:** Wer haftet für KI-Fehler?
- **Manipulation:** KI kann Menschen gezielt beeinflussen oder manipulieren.
- **Überwachung:** Staaten oder Unternehmen könnten KI nutzen, um Bürger umfassend zu kontrollieren.

Gesetze, Richtlinien und ethische Standards müssen Schritt halten, um Missbrauch zu verhindern.

8. Die Entwicklung der "General AI"

Eine echte "General AI" (Allgemeine Künstliche Intelligenz) – ein System, das Aufgaben jeder Art wie ein

Mensch erledigen kann – ist das große Ziel vieler KI-Forscher.

Merkmale einer General AI:

- Kann kreativ denken
- Löst neue, unbekannte Probleme selbstständig
- Hat eigenes "Verständnis" von Kontext und Bedeutung

Auch wenn eine echte General AI noch Jahre oder Jahrzehnte entfernt sein könnte, werden wir schrittweise immer leistungsfähigere, vielseitigere KI-Systeme erleben.

Fazit zu Kapitel 7

Die Zukunft der KI ist voller Chancen und Herausforderungen. Sie wird unseren Alltag, unsere Arbeit, unsere Gesundheit und unser Lernen revolutionieren. Um davon optimal zu profitieren, ist es wichtig, informiert, kritisch und offen zu bleiben.

Im nächsten Kapitel zeige ich dir, **wie du heute schon erste Schritte machen kannst, um KI bewusst und aktiv für deinen persönlichen und beruflichen Erfolg einzusetzen!**

Kapitel 8: Dein Einstieg in die KI-Nutzung – Schritt für Schritt

Jetzt, da du die Grundlagen von KI kennst und weißt, wie sie dein Leben verbessern kann, geht es um das Wichtigste: den praktischen Einstieg. In diesem Kapitel erfährst du, wie du systematisch und effektiv mit der Nutzung von KI beginnst, welche Schritte du beachten solltest und welche Strategien dir helfen, die Technologie optimal in deinen Alltag zu integrieren.

1. Ziele definieren – Wofür möchtest du KI nutzen?

Bevor du wahllos Tools ausprobierst, solltest du dir klarmachen, was du erreichen willst:

- **Zeit sparen:** Automatisierung von Aufgaben
- **Produktiver arbeiten:** Unterstützung bei Texten, Projekten oder Organisation
- **Kreativer werden:** Ideenfindung und Umsetzung
- **Lernen und Weiterbildung:** Schneller und individueller lernen
- **Finanzen und Gesundheit optimieren:** Besseres Selbstmanagement

Praxis-Tipp: Schreibe dir deine drei wichtigsten Ziele auf. Diese helfen dir bei der Auswahl der passenden Tools und Anwendungen.

2. Das richtige Einstiegs-Tool auswählen

Starte mit einer einzigen Anwendung, die direkt zu deinen Zielen passt.

Beispiele:

- Produktivität steigern? → ChatGPT oder Notion AI
- Finanzen optimieren? → YNAB oder Cleo
- Kreativität fördern? → Canva Magic Design oder DALL-E
- Aufgaben automatisieren? → Zapier oder Make

Praxis-Tipp: Starte mit kostenlosen Versionen oder Testphasen. So kannst du herausfinden, ob das Tool zu dir passt.

3. Kleine Routinen aufbauen

Setze dir realistische, kleine Ziele:

- 10 Minuten täglich ein KI-Tool nutzen
- Eine Aufgabe pro Woche automatisieren
- Einen kurzen Text oder eine Grafik mit KI erstellen

Wichtig ist die Regelmäßigkeit. Nur durch wiederholte Anwendung entwickelst du Routine und Sicherheit im Umgang mit der Technologie.

4. Weiterbildung: Verstehen, wie KI funktioniert

Je mehr du über KI weißt, desto besser kannst du sie einsetzen.

- **Online-Kurse:** Plattformen wie Coursera, Udemy oder LinkedIn Learning bieten Einsteigerkurse zu KI-Themen.
- **Webinare und Podcasts:** Es gibt zahlreiche kostenlose Angebote, die aktuelle Entwicklungen einfach erklären.
- **Fachblogs und News-Portale:** Bleibe auf dem Laufenden über neue Tools und Trends.

Praxis-Tipp: Plane wöchentlich mindestens 30 Minuten für Weiterbildung ein.

5. Fehler zulassen und daraus lernen

Der Einstieg in die KI-Welt wird nicht perfekt sein – und das ist auch gut so.

- Manche Automatisierungen funktionieren vielleicht nicht auf Anhieb.
- Manche Tools passen nicht perfekt zu deinen Arbeitsabläufen.

Das ist normal. Sieh Fehler als Teil des Lernprozesses und justiere nach.

6. Erste Automatisierungen einrichten

Wenn du dich sicherer fühlst, kannst du erste einfache Automatisierungen einrichten:

- E-Mails sortieren und priorisieren lassen
- Erinnerungen für regelmäßige Aufgaben erstellen
- Social-Media-Posts im Voraus planen

Praxisbeispiel:

- "Wenn ich eine E-Mail mit dem Betreff 'Rechnung' erhalte, speichere automatisch den Anhang in meinem Rechnungsordner in der Cloud."

7. Eigene Projekte mit KI unterstützen

Nutze KI nicht nur für kleine Aufgaben, sondern baue sie Schritt für Schritt in größere Projekte ein:

- Content-Strategie entwickeln
- Businesspläne optimieren
- Kreativprojekte starten
- Eigene Apps oder Workflows mit KI-Unterstützung entwickeln

8. Austausch mit anderen KI-Nutzern

Lernen wird leichter, wenn du dich mit anderen austauschst:

- Tritt Online-Foren, Facebook-Gruppen oder Discord-Communities rund um KI bei.
- Teile deine Erfahrungen und lerne aus den Fehlern und Erfolgen anderer.
- Suche nach KI-Meetups oder virtuellen Events.

9. Kritisches Bewusstsein bewahren

Auch wenn KI viele Vorteile bringt: Bleibe kritisch!

- Hinterfrage die Ergebnisse von KI-Systemen.
- Achte auf Datenschutz und ethische Aspekte.
- Informiere dich über die Funktionsweise der eingesetzten Systeme.

10. Kontinuierlich optimieren

Technologie entwickelt sich ständig weiter. Passe deine Tools und Prozesse regelmäßig an:

- Teste neue Updates und Funktionen
- Hinterfrage regelmäßig deine Arbeitsweise
- Ersetze Tools, wenn bessere Alternativen auftauchen

Fazit zu Kapitel 8

Der Einstieg in die Welt der KI muss nicht kompliziert sein. Mit klaren Zielen, kleinen Schritten und einer offenen Lernhaltung kannst du KI schnell und erfolgreich in dein Leben integrieren. Die besten Ergebnisse erzielst du, wenn du kontinuierlich dranbleibst, Neues ausprobierst und KI als das nutzt, was sie ist: ein leistungsstarkes Werkzeug zur Verbesserung deines Alltags.

Im nächsten Kapitel erfährst du, **wie du KI langfristig als strategischen Vorteil für deine berufliche und private Zukunft einsetzen kannst!**

Kapitel 9: KI als strategischer Vorteil für deine Zukunft – Chancen erkennen und nutzen

Künstliche Intelligenz ist längst kein Zukunftstraum mehr – sie ist Realität. Und sie wird in den kommenden Jahren den Unterschied ausmachen zwischen denen, die Chancen frühzeitig erkennen und nutzen, und denen, die den Anschluss verlieren. In diesem Kapitel erfährst du, wie du KI gezielt als strategischen Vorteil für deine persönliche und berufliche Zukunft einsetzt.

1. Warum KI ein entscheidender Erfolgsfaktor ist

Die Welt verändert sich rasant. Unternehmen, Organisationen und Einzelpersonen, die KI frühzeitig adaptieren, haben einen klaren Vorsprung:

- **Effizienzsteigerung:** Prozesse laufen schneller und reibungsloser.
- **Innovationskraft:** Neue Produkte, Dienstleistungen und Ideen entstehen.

- **Kundenfokus:** Personalisierte Angebote verbessern die Kundenerfahrung.
- **Wettbewerbsvorteil:** Schnellere Entscheidungen und bessere Marktanpassung.

Auch im Privatleben kann KI helfen, Zeit zu sparen, Chancen zu erkennen und klügere Entscheidungen zu treffen.

2. Strategische Ziele definieren

Nutze KI nicht ziellos, sondern setze klare Schwerpunkte:

- **Karriere:** Welche Fähigkeiten kann KI dir erleichtern oder verstärken?
- **Unternehmertum:** Wie kannst du Prozesse, Marketing oder Kundenservice automatisieren?
- **Selbstmanagement:** Wie kannst du deine Zeit, Gesundheit und Finanzen besser steuern?

Praxis-Tipp: Formuliere konkrete Ziele wie "Ich möchte mit KI meine Projektmanagement-Fähigkeiten verbessern" oder "Ich will meinen Online-Shop mit KI-basiertem Marketing schneller skalieren".

3. KI als Karrierebooster

Die Arbeitswelt verändert sich fundamental. KI-Kenntnisse werden in fast allen Branchen gefragt sein:

- **Datenanalyse:** Verstehen und Interpretieren großer Datenmengen
- **Automatisierung:** Prozesse effizienter gestalten
- **Kreative Nutzung:** Einsatz von KI für Design, Content und Innovation
- **Technisches Verständnis:** Grundlagenwissen über KI und maschinelles Lernen

Karrierechancen:

- Projektmanager, die KI-gestützte Tools beherrschen
- Marketingexperten, die Kampagnen mit KI optimieren
- Entwickler, die KI-Lösungen integrieren
- Berater für KI-Strategien

4. Unternehmerisches Denken mit KI

Als Unternehmer oder Selbstständiger kannst du KI nutzen, um:

- **Marktforschung zu beschleunigen:** Trends schneller erkennen

- **Kundenerlebnisse zu personalisieren:** Angepasste Angebote und Kommunikation
- **Kosten zu senken:** Automatisierte Buchhaltung, Support und Marketing
- **Neue Geschäftsmodelle zu entwickeln:** KI-basierte Produkte und Dienstleistungen

Beispiel: Ein Onlinehändler nutzt KI, um Bestandsmanagement zu optimieren und Verkaufsprognosen zu erstellen.

5. Persönliche Effizienz maximieren

Auch im Privatleben kannst du KI strategisch einsetzen:

- **Zeitmanagement:** Optimierte Tagesplanung mit smarten Kalender-Tools
- **Gesundheit:** Personalisierte Fitness- und Ernährungspläne
- **Weiterbildung:** KI-gestützte Lernprogramme
- **Investitionen:** Robo-Advisor für intelligente Finanzentscheidungen

Wer seine persönlichen Ressourcen besser managt, hat mehr Energie für berufliche Erfolge und private Erfüllung.

6. Aufbau eines individuellen KI-Systems

Statt viele einzelne Tools chaotisch zu nutzen, entwickle ein persönliches System:

- **Zentrale Plattform:** Nutze Tools, die sich integrieren lassen.
- **Automatisierte Abläufe:** Standardprozesse automatisieren.
- **Datensicherheit:** Eigene Daten schützen und bewusst verwalten.
- **Regelmäßige Optimierung:** Prozesse und Tools immer wieder anpassen.

Praxis-Tipp: Visualisiere dein persönliches KI-Ökosystem in einem Mindmap oder Workflow-Plan.

7. Innovation und Kreativität fördern

Nutze KI nicht nur zur Optimierung bestehender Aufgaben, sondern auch als Ideengeber:

- Brainstorming-Sessions mit KI-Unterstützung
- Analyse neuer Geschäftschancen
- Entwicklung neuer Produkte oder Dienstleistungen auf Basis von Markttrends

Beispiel: Ein Künstler nutzt KI, um neue Stilrichtungen zu erforschen und dadurch seine eigene Handschrift zu verfeinern.

8. Risiken im Blick behalten

Eine strategische Nutzung von KI heißt auch, Risiken zu kennen und zu minimieren:

- **Abhängigkeit vermeiden:** Immer mehrere Tools und Strategien nutzen.
- **Fehlentscheidungen verhindern:** Ergebnisse von KI immer kritisch prüfen.
- **Weiterbildung priorisieren:** Technologiewissen ständig aktualisieren.

Nur wer bewusst mit KI umgeht, kann sie langfristig als Vorteil nutzen.

9. KI und persönliche Werte

Setze KI im Einklang mit deinen eigenen Werten und Prinzipien ein:

- **Ethik:** Achte auf faire und transparente Nutzung.
- **Nachhaltigkeit:** Bevorzuge ressourcenschonende Lösungen.

- **Selbstbestimmung:** Nutze KI, um deine Freiheit zu vergrößern, nicht zu verringern.

10. Dein langfristiger Erfolgsplan mit KI

1. **Ziele klar definieren**
2. **Schrittweise KI integrieren**
3. **Regelmäßig Fortschritte überprüfen**
4. **Netzwerk ausbauen** (z.B. mit anderen KI-Nutzern)
5. **Weiterlernen und anpassen**

Wer KI nicht als kurzfristiges Werkzeug, sondern als langfristige Erfolgsstrategie versteht, wird in der kommenden Ära einen entscheidenden Vorsprung haben.

Fazit zu Kapitel 9

Künstliche Intelligenz ist kein Selbstzweck, sondern ein mächtiges Instrument, um deine Zukunft bewusst und erfolgreich zu gestalten. Wer heute klug investiert – in Wissen, Systeme und Strategien –, wird morgen zu den Gewinnern der digitalen Transformation gehören.

Im nächsten Kapitel schauen wir uns gemeinsam an, **wie du deine persönliche KI-Strategie konkret in die Tat** umsetzt und welche Best Practices dir den Weg erleichtern!

Kapitel 10: Deine persönliche KI-Strategie – In 5 Schritten zum Erfolg

Künstliche Intelligenz bietet dir unzählige Möglichkeiten. Doch damit diese Möglichkeiten nicht ungenutzt bleiben, braucht es eine kluge, bewusste Strategie. In diesem Kapitel zeige ich dir, wie du in fünf klaren Schritten deine ganz persönliche KI-Strategie entwickelst und langfristig davon profitierst.

1. Analyse: Wo stehst du aktuell?

Bevor du KI gezielt einsetzen kannst, musst du wissen, wo du stehst:

- **Welche Prozesse kosten dich am meisten Zeit?**
- **Welche Aufgaben wiederholen sich ständig?**
- **Welche Bereiche möchtest du verbessern oder automatisieren?**

Erstelle eine Liste deiner wichtigsten Tätigkeiten und markiere, welche davon durch KI unterstützt werden könnten.

Praxis-Tipp: Nutze ein einfaches Schema: Aufgaben mit hohem Zeitaufwand und niedriger Komplexität sind ideale Kandidaten für die Automatisierung.

2. Zielsetzung: Was willst du erreichen?

Setze klare, messbare Ziele:

- **Kurzfristig (3-6 Monate):**
  - z.B. 5 Stunden pro Woche durch Automatisierung einsparen
  - erste KI-Tools in den Arbeitsalltag integrieren
- **Mittelfristig (6-12 Monate):**
  - eigene kleine KI-gestützte Projekte umsetzen
  - Weiterbildungen abschließen
- **Langfristig (12+ Monate):**
  - Effizienz dauerhaft steigern
  - neue berufliche Chancen erschließen

Praxis-Tipp: Formuliere Ziele SMART (spezifisch, messbar, attraktiv, realistisch, terminiert).

3. Tool-Auswahl: Die richtigen Werkzeuge finden

Basierend auf deinen Zielen wählst du die passenden KI-Tools aus:

- **Kommunikation:** Grammarly, ChatGPT, Notion AI

- **Organisation:** Trello mit Butler, Asana, Zapier
- **Kreativität:** Canva, DALL-E, Midjourney
- **Finanzen:** Cleo, YNAB
- **Gesundheit:** Sleep Cycle, Headspace

Vergleiche Funktionen, Preise und Datenschutzrichtlinien. Nutze kostenlose Testversionen, bevor du dich entscheidest.

Praxis-Tipp: Starte mit maximal 2-3 Tools gleichzeitig, um den Überblick zu behalten.

4. Umsetzung: Integration in deinen Alltag

Jetzt geht es an die praktische Umsetzung:

- **Kleine Schritte:** Integriere neue Tools langsam und gezielt.
- **Feste Zeiten:** Plane feste Slots für KI-gestützte Arbeiten ein.
- **Automatisierung:** Richte erste Workflows ein (z.B. automatische E-Mail-Sortierung, Terminplanung).
- **Feedback:** Reflektiere regelmäßig, was gut läuft und wo Anpassungen nötig sind.

Praxis-Tipp: Dokumentiere deine Erfahrungen. So erkennst du schneller Verbesserungsmöglichkeiten.

5. Optimierung: Kontinuierlich besser werden

KI und deine Anforderungen entwickeln sich ständig weiter. Deshalb ist Optimierung entscheidend:

- **Monatliche Reviews:** Was funktioniert? Was nicht?
- **Neue Tools testen:** Immer offen für Innovation bleiben.
- **Weiterbilden:** Mit Kursen, Blogs und Fachartikeln dein Wissen aktuell halten.
- **Netzwerken:** Von anderen Nutzern lernen, Best Practices übernehmen.

Praxis-Tipp: Setze dir jedes Quartal ein Mini-Ziel zur Verbesserung deiner KI-Strategie.

Bonus: Häufige Fehler beim Aufbau einer KI-Strategie – und wie du sie vermeidest

- **Zu viele Tools gleichzeitig:** Fokus auf wenige, relevante Lösungen.
- **Keine klaren Ziele:** Ohne Zielsetzung kein messbarer Erfolg.

- **Blindes Vertrauen in KI:** Ergebnisse immer kritisch prüfen.
- **Vergessen der menschlichen Komponente:** KI soll unterstützen, nicht ersetzen.

Fazit zu Kapitel 10

Mit einer durchdachten Strategie wird KI nicht nur ein Werkzeug, sondern ein echter Partner auf deinem Weg zu mehr Erfolg, Effizienz und Zufriedenheit. Die 5 Schritte – Analyse, Zielsetzung, Tool-Auswahl, Umsetzung und Optimierung – helfen dir dabei, KI nachhaltig und bewusst in dein Leben zu integrieren.

Im abschließenden Kapitel fassen wir noch einmal alle wichtigen Erkenntnisse zusammen und zeigen dir, wie du deine KI-Reise motiviert und zukunftsorientiert fortsetzen kannst!

Kapitel 11: Zusammenfassung und Ausblick – Deine Reise mit KI

Herzlichen Glückwunsch! Du hast nun einen umfassenden Überblick über die Welt der Künstlichen Intelligenz erhalten – von den Grundlagen bis zu praktischen Anwendungen, von ethischen Überlegungen bis hin zu deiner persönlichen KI-Strategie.

Dieses Kapitel fasst noch einmal alle zentralen Erkenntnisse zusammen und gibt dir einen Ausblick darauf, wie du deine KI-Reise in der Zukunft weiterentwickeln kannst.

1. Was du aus diesem Buch mitgenommen hast

- **Verständnis:** Du weißt nun, was Künstliche Intelligenz ist, wie sie funktioniert und wo sie dir im Alltag begegnet.
- **Anwendung:** Du hast konkrete Wege kennengelernt, KI-Tools produktiv, kreativ und effizient zu nutzen.
- **Strategie:** Du hast gelernt, wie du eine individuelle KI-Strategie entwickelst und langfristig optimierst.
- **Bewusstsein:** Du kennst die ethischen, datenschutzrechtlichen und gesellschaftlichen Herausforderungen im Umgang mit KI.

- **Zukunftsperspektive:** Du hast einen Einblick erhalten, wohin sich KI entwickeln wird – und wie du davon profitieren kannst.

2. Deine nächsten Schritte

Dein Weg endet hier nicht – im Gegenteil: Jetzt beginnt deine persönliche Reise erst richtig!

Empfohlene nächste Schritte:

- **Regelmäßige Praxis:** Nutze KI-Tools täglich für kleine Aufgaben und erweitere schrittweise deinen Einsatzbereich.
- **Weiterbildung:** Bleibe neugierig und bilde dich kontinuierlich zu neuen KI-Technologien weiter.
- **Netzwerken:** Vernetze dich mit anderen KI-Nutzern, tausche Erfahrungen aus und lerne voneinander.
- **Experimentieren:** Scheue dich nicht, neue Tools auszuprobieren und innovative Ideen zu entwickeln.
- **Kritisch bleiben:** Hinterfrage KI-gestützte Ergebnisse immer und bewahre deine Eigenverantwortung.

3. Dein Mindset für die KI-Zukunft

Um von Künstlicher Intelligenz wirklich zu profitieren, brauchst du ein bestimmtes Mindset:

- **Neugier:** Offenheit für neue Technologien und Ideen
- **Flexibilität:** Bereitschaft, alte Muster zu hinterfragen und neue Wege zu gehen
- **Lernbereitschaft:** Kontinuierliche persönliche Weiterentwicklung
- **Verantwortung:** Bewusster und ethischer Umgang mit Technologie

Mit diesem Mindset wirst du nicht nur Schritt halten, sondern die Zukunft aktiv mitgestalten.

4. Inspiration: Vision für dein KI-gestütztes Leben

Stell dir vor:

- Dein Alltag ist effizient organisiert, weil smarte Assistenten dich unterstützen.
- Du hast mehr Zeit für Kreativität, Innovation und persönliche Projekte.
- Du triffst bessere Entscheidungen durch fundierte Analysen und Empfehlungen.

- Du nutzt KI nicht nur als Werkzeug, sondern als echten Partner auf deinem Weg zum Erfolg.

Dieses Szenario ist keine ferne Utopie – du kannst es mit den richtigen Schritten bereits heute in die Tat umsetzen.

5. Abschließende Gedanken

Künstliche Intelligenz wird unser Leben in den kommenden Jahren stärker verändern als jede Technologie zuvor. Aber sie wird nicht automatisch entscheiden, wer erfolgreich ist und wer nicht. Der entscheidende Faktor bist du:

- Deine Bereitschaft zu lernen
- Dein Mut, neue Technologien anzunehmen
- Dein Wille, verantwortungsvoll und bewusst mit KI umzugehen

Nutze die Möglichkeiten, denke groß, handle klug – und gestalte deine eigene erfolgreiche KI-Reise!

Vielen Dank, dass du diesen Weg gegangen bist. Deine Zukunft mit KI beginnt jetzt.

www.ingramcontent.com/pod-product-compliance
Lightning Source LLC
LaVergne TN
LVHW092347060326
832902LV00008B/854